© Verano Summer
Autor / Author: Lismar Marcano
Instagram: @lismarmarcano
Correo electrónico / Email: marcanolismar75@gmail.com

Ilustraciones / Illustrations: Adriana Franco
Instagram: @adrixdesigns
Correo electrónico / Email: adrianafranco13@gmail.com

Diseño/ Design: Adriana Franco

Edición / Edition: Lismar Marcano

Primera edición / First Edition: 2024

VERANO

summer

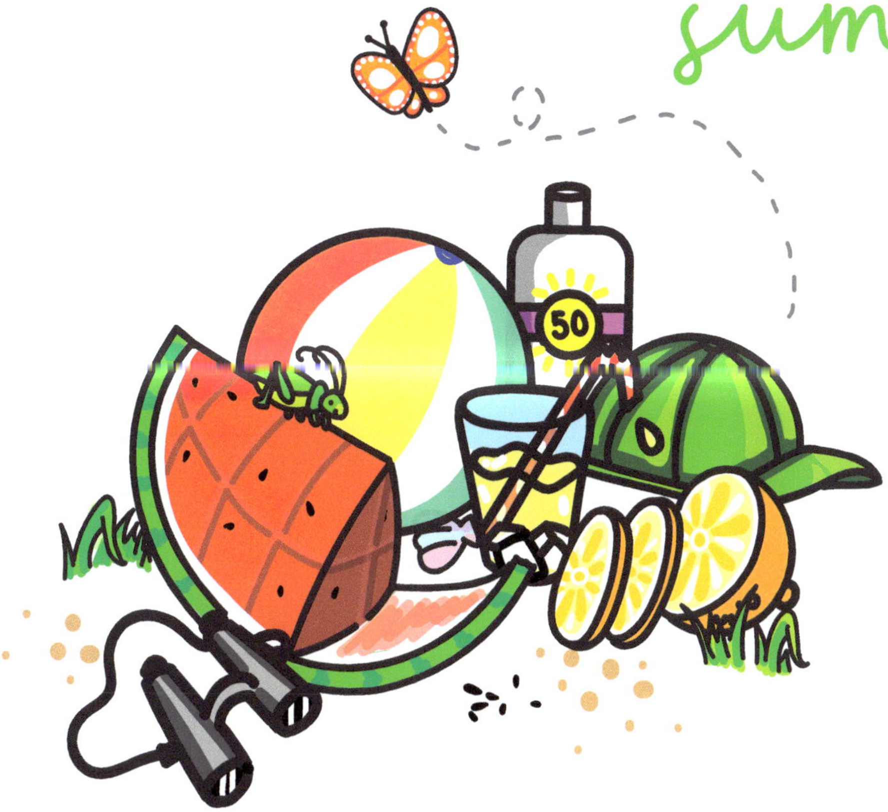

BOOKS & PLAY
Read and have fun!

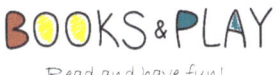

El verano es una de las estaciones más divertidas y esperadas del año y aquí te contamos por qué. Con este libro vas a aprender y divertirte.

Summer is one of the most enjoyable and expected seasons of the year, and here we will tell you why. With this book, you will learn and have fun.

En el verano, las abejas zumban entre las flores, las aves entonan sus cantos mientras otros se bañan en los lagos. Los árboles se visten de verde para dar deliciosos frutos como los duraznos y mangos.

¿Cuáles frutas hay en los árboles?
¿Son dulces o ácidas?
What fruits are on the trees?
Are they sweet or sour?

¿Quiénes se bañan en el lago?
Who bathes in the lake?

In the summer, bees buzz among the flowers, birds sing their songs while others bathe in the lake and the trees dress in green to produce delicious fruits like peaches and mangoes.

¡Cuenta las mariposas y mariquitas!
Count the butterflies and ladybugs!

¿Quién se esconde detrás del arbusto?
Who is hiding behind the bush?

¿Quién se asoma desde el árbol?
Who peeks out from the tree?

Pip Pip

Piña
Pineapple

Pelota
Ball

Lentes de sol
Sunglasses

En el verano,
los abrigos quedan
atrás, dando paso
a divertidos shorts,
alegres camisetas y
cómodas chancletas.

In the summer,
coats are left
behind, making
way for fun shorts,
cheerful T-shirts,
and comfortable
flip-flops.

Chancletas
Flip flops

Sandía
Watermelon

Sombrilla
Umbrella

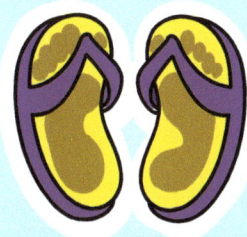

Chancletas
Flip Flop

Short
Short

Camiseta
T-shirt

Protector solar
Sunscreen

Sombrero
Hat

Gorra
Cap

Vestido Playero
Beach dress

Traje de baño
Swimsuit

Franela de baño
Bath flannel

En el verano, se disfrutan de las vacaciones escolares. ¡No más tareas! Los amigos se despiden compartiendo sus planes vacacionales.

In the summer, school vacations are enjoyed no more homework! Friends bid farewell, sharing their holiday plans.

En el verano, muchas familias salen de vacaciones utilizando diversos medios de trasporte.

¿Cuál es tu medio de transporte favorito?

In the summer, many families go on vacations using different types of transportation.

What is your favorite mode of transportation for going on vacation?

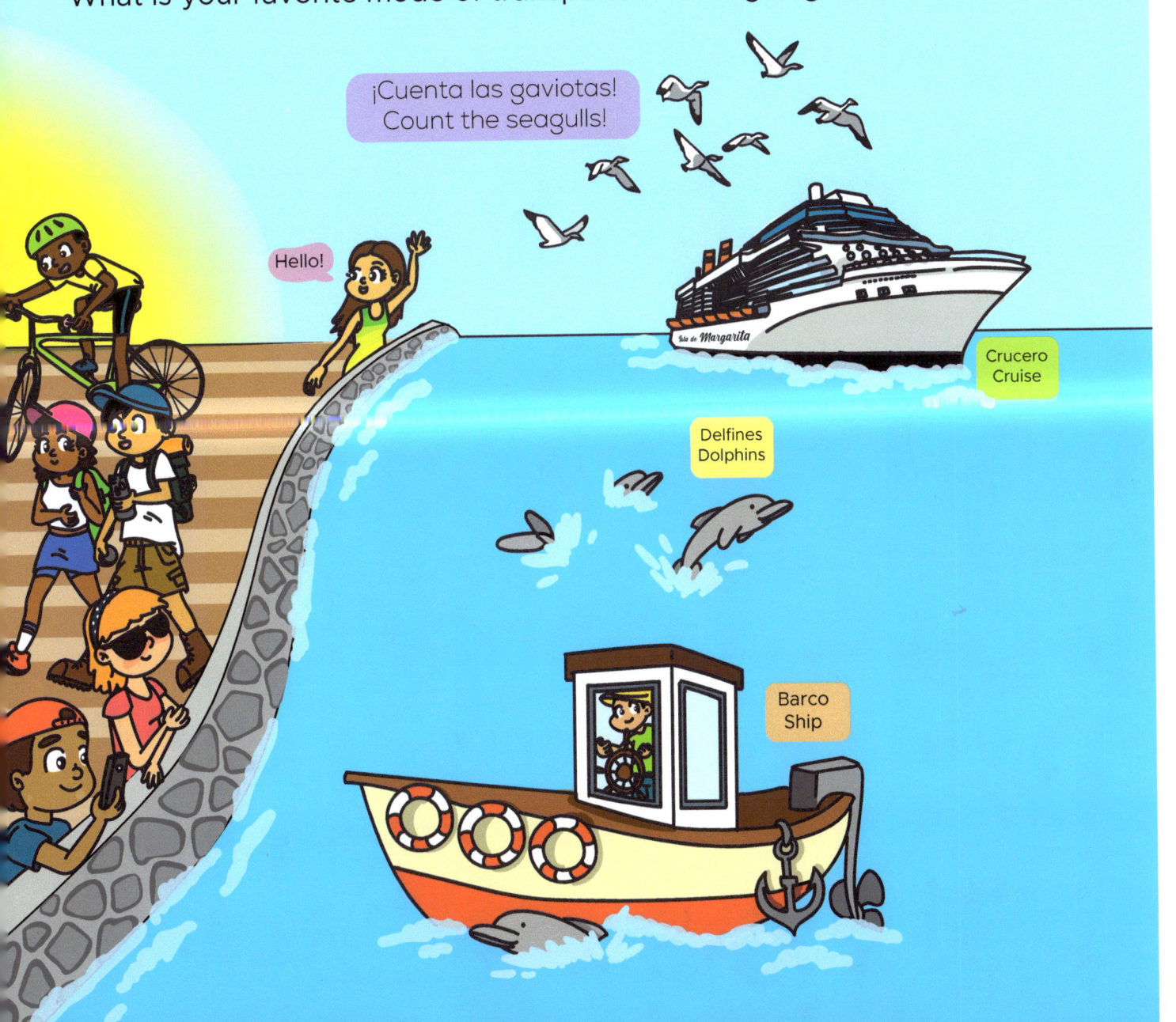

En el verano, la playa se convierte en el destino favorito de muchas familias. La diversión no para hasta que el sol se despide.

In the summer, the beach becomes the favorite destination for many families. The fun does not stop until the sun says goodbye after a great day.

Fresa
Strawberry

Esnórquel
Snorkel

Piña
Pineapple

En el verano,
un chapuzón en la piscina alivia del calor. A las mascotas les encanta zambullirse para refrescarse.

¡Ven conmigo amigo!

In the summer,
taking a dip in the pool provides relief from the heat. Pets love to dive in to cool off.

Come with me, my friend!

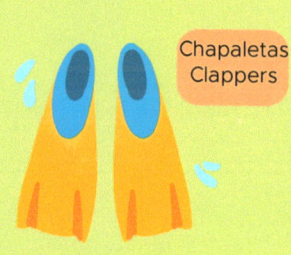
Chapaletas
Clappers

Parrillera
Barbecue grill

Helado
Ice cream

En el verano, los parques se animan con risas y juegos entre amigos. Bicicletas, patines y cometas son la diversión, acompañadas de una deliciosa limonada refrescante.

In the summer, the parks come alive with laughter among friends. Bikes, skates, and kites bring joy, accompanied by a refreshing delicious lemonade.

Red
Grid

Linterna
Flashlight

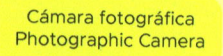
Cámara fotográfica
Photographic Camera

En el verano,

acampar es un plan fantástico. Disfrutar de la naturaleza con largas caminatas, contemplar el atardecer y compartir historias bajo el cielo estrellado y la luz de una fogata son algunas de las actividades favoritas durante los campamentos.

In the summer,

camping is a fantastic plan. Enjoying nature with long walks, contemplating the sunset, and at night, sharing stories under the starry sky and the glow of a campfire are some of the favorite camping activities.

Mochila
Backpack

Brújula
Compass

Saco de dormir
Sleeping bag

En el verano, la feria nos recibe con atracciones que van desde giros divertidos en emocionantes montañas rusas hasta relajantes carruseles y estrellas de la fortuna.

¿Quieres un helado?
¡Vainilla por favor!

In the summer, the fair welcomes us with attractions ranging from entertaining spins in thrilling roller coasters to relaxing carousels and ferris wheel.

Do you want ice cream?
Vanilla, please!

¿Te has divertido con este libro?
¡Aún no hemos terminado!

NUEVAS PALABRAS

Avión
Air Plane

Ball
Pelota

Coco
Coconut

Fogata
Bonfire

Motocicleta
Motorcycle

Hat
Sombrero

Cangrejo
Crab

Limonada
Lemonade

Helado
Ice cream

NEW WORDS

Delfín
Dolphin

Carro
Car

Bicicleta
Bicycle

Protector solar
Sunscreen

Palmera
Palm Tree

Globos
Balloons

Barco
Ship

Traje de baño
Swimsuit

Carpa
Tent

FRUTAS
FRUITS

Sandía
watermelon

Melón
Melon

Mangos
Mangoes

Naranja
Orange

Durazno
Peach

Kiwi
Kiwi

Piña
Pineapple

Frambuesa
Raspberries

Uvas
Grapes

VEGETALES
VEGETABLES

Zanahoria
Carrot

Tomate
Tomato

Pepino
Cucumber

Calabacín
Zucchini

Berenjena
Eggplant

Remolacha
Beet

Vainitas
Green beans

Maíz
Corn

Lechuga
Lettuce

RECETA DE VERANO TIZANA

Ingredientes:

- 2 tazas de frutas variadas
- 1 naranja, pelada y cortada en rodajas
- 1 limón, cortado en rodajas
- 1 litro de agua fría
- 2 cucharadas de azúcar (ajusta según tu preferencia)
- Hojas de menta fresca (opcional)
- Cubitos de hielo

Preparacón:

En una jarra grande, combina todos los trozos de fruta. Agrega el azúcar y mezcla bien para que se distribuya uniformemente. Vierte el agua fría sobre las frutas y mezcla suavemente. Refrigera la tizana durante al menos 1 hora para que los sabores se mezclen y la bebida se enfríe. Al servir, puedes agregar hojas de menta fresca y cubitos de hielo.

Disfruta con tus amigos de esta tizana fresca y llena de sabores frutales. ¡Esta tizana es perfecta para los días calurosos de verano!

SUMMER RECIPE
FRUIT PUNCH

Ingredients:

- 2 cups of a variety of fruits
- 1 peeled and sliced orange
- 1 sliced lemon
- 1 gallon of cold water
- 2 tablespoons of sugar (adjust to taste)
- Fresh mint leaves (optional)
- Ice cubes

Instructions:

In a large jug, combine all the fruit pieces. Add sugar and mix well to distribute it evenly. Pour cold water over the fruits and gently stir. Refrigerate the fruit punch for at least 1 hour to allow the flavors to blend and the drink to chill. When serving, you can add fresh mint leaves and ice cubes.

Enjoy this refreshing fruit punch with your friends. This punch is perfect for hot summer days, filled with fruity flavors.

Curiosidades sobre el verano

El verano es una de las cuatro estaciones; sucede después de la primavera y antes del otoño. ¿Sabías que varía dependiendo de la región en la que te encuentres?

 En el hemisferio norte, el verano abarca de junio a septiembre, mientras que en el hemisferio sur ocurre de diciembre a marzo. Un ejemplo de esta diferencia temporal es que, en Estados Unidos, el verano se experimenta de junio a septiembre, mientras que en Argentina, ocurre de diciembre a marzo.

 Durante esta estación, la parte del mundo en la que te encuentras está inclinada hacia el sol, lo que resulta en días más largos y noches más cortas. Por eso, podemos disfrutar de juegos y aventuras por más tiempo.

 El sol brilla intensamente y hace mucho calor. Es importante tomar mucha agua y usar protector solar.

 Durante el verano algunos pájaros cambian sus plumas por otras más ligeras y las mascotas disfrutan de paseos al atardecer con sus dueños. Es importante mantener hidratadas a nuestras mascotas.

Curiosities about summer

Summer, which is one of the four seasons, arrives after spring and before autumn. Did you know it varies depending on the part of the world you are in?

 In the northern hemisphere, summer spans from June to September, while in the southern hemisphere, it occurs from December to March. In the United States, summer starts in June, but in Argentina, it is in December!

 During this season, the part of the world you are in tilts toward the sun, resulting in longer days and shorter nights. That is why we can enjoy games and adventures for a longer time.

 The sun shines intensely, and it gets hot! It is important to drink lots of water and use sunscreen.

 During summer, some birds change their feathers to lighter ones, and pets enjoy evening walks with their owners. It is important to keep our pets hydrated.

Curiosidades sobre el verano

 Los árboles se visten de verde y dan frutas deliciosas como sandías, fresas, ciruelas, peras, mangos, melones, cerezas y melocotones. En muchas partes del mundo se celebran festivales de frutas para dar gracias por las cosechas.

 En esta época, también se cultivan vegetales sabrosos como tomates, pepinos, pimientos, berenjenas, calabacines, lechugas y zanahorias.

 Es importante recordar ser muy cuidadoso con fósforos y encendedores si estamos acampando, el sol puede calentar mucho a los árboles y a las plantas, volviéndolos muy secos. Un objeto caliente en el bosque puede desencadenar incendios, afectando a la naturaleza y a los animales.

¡Cuidar de la naturaleza es tarea de todos!

¿Te gustó aprender sobre el verano?

¡Vuelve a leerlo y compártelo con un amigo para que también descubra estas curiosidades!

Curiosities about summer

 Trees dress in green and bear delicious fruits like watermelon, strawberries, plums, pears, mangoes, melons, cherries, and peaches. In many parts of the world, fruit festivals are celebrated to give thanks for the harvest.

 During this time, tasty vegetables are cultivated like tomatoes, cucumbers, peppers, eggplants, zucchinis, lettuces, and carrots also come to life.

 It is important to be extra careful with matches and lighters when camping, as the sun can heat up trees and plants, making them very dry. If someone starts a fire or leaves something hot in the forest, it could lead to a fire, affecting nature and forest animals.

Taking care of nature is everyone is responsibility!

Did you enjoy learning about summer?

Read it again and share it with a friend so they can discover these curiosities too!

¿Cuáles son tus actividades favoritas en el verano?
What are your favorite activities in the summer?

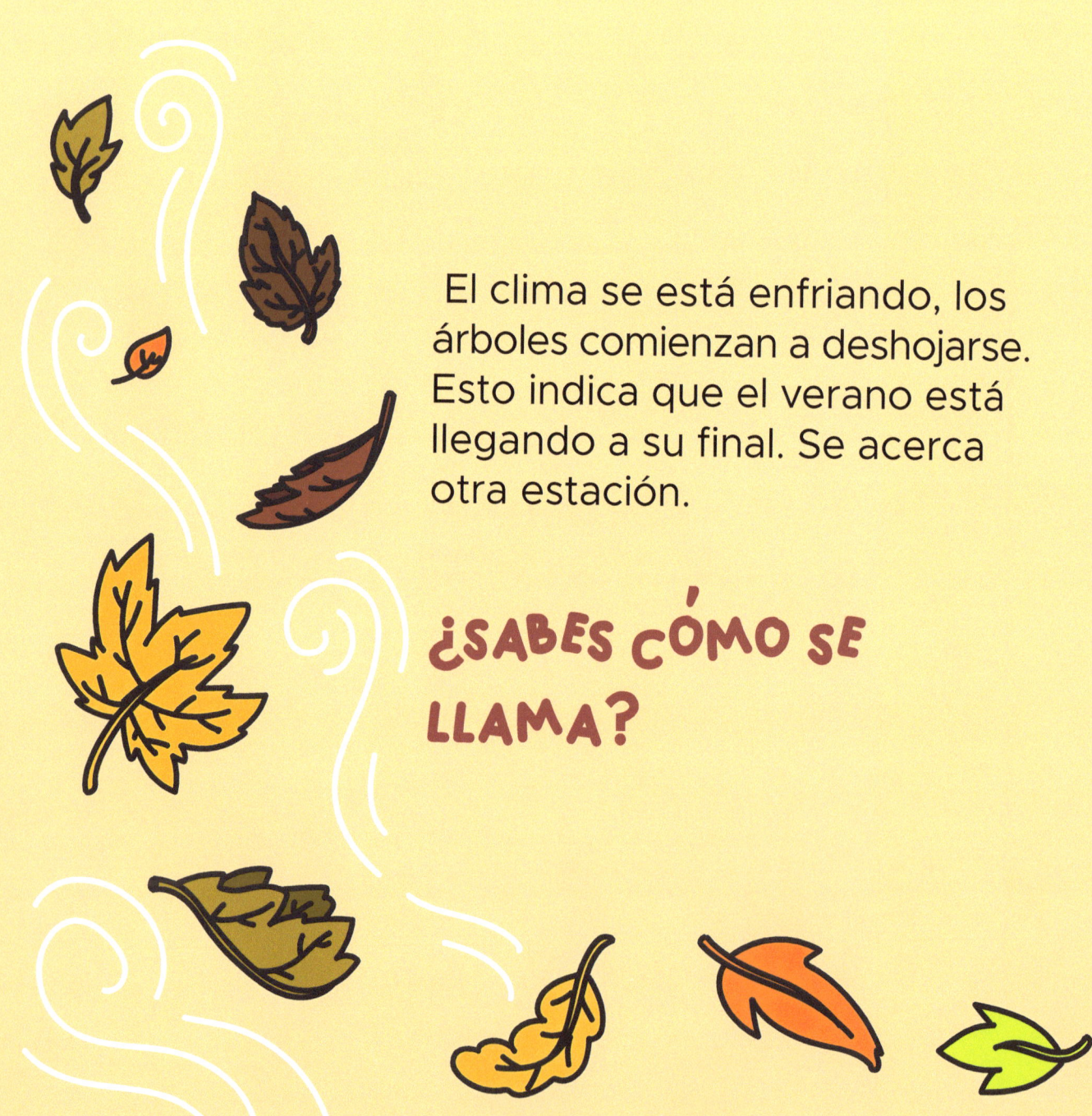

El clima se está enfriando, los árboles comienzan a deshojarse. Esto indica que el verano está llegando a su final. Se acerca otra estación.

¿SABES CÓMO SE LLAMA?

The weather is cooling down, and the trees are starting to shed their leaves. This indicates that summer is coming to an end. Another season is approaching.

DO YOU KNOW WHAT ITS CALLED?

@KIDSBOOKSANDPLAY